T0268755

www.ingramcontent.com/pod-product-compliance
Lightning Source LLC
Jackson TN
JSHW052009131224
75386JS00036B/1244
9780874415049

LETTER REVIEW

Circle the letter named in the box.

ד	שׁ	תּ	ר	TAV	1
ר	ד	שׁ	ת	SHIN	2
ד	תּ	ר	שׁ	RESH	3
תּ	ר	שׁ	ד	DALET	4
ר	שׁ	תּ	ד	SHIN	5
שׁ	ת	ר	ד	TAV	6
ד	ר	שׁ	תּ	DALET	7
ת	שׁ	ד	ר	RESH	8
שׁ	תּ	ר	ד	TAV	9
תּ	ר	שׁ	ד	SHIN	10

תּ ת

1 תַּת תּוֹתוֹ תֵּתֵ תּוֹת

2 תַּת תָּת תֵּת תּוֹ

3 תֵּתֵ תֵּתוֹ תֵתָתֵ תּוֹתּוֹת

שׁ

4 שַׁשֵׁ שֵׁשׁ שׁוֹשָׁ שׁוֹשׁ

5 שַׁת שַׁתַּ שׁוֹתָ תַּשׁ

6 תֵּשָׁ תּוֹשׁ תָּשֵׁשׁ שֵׁשֵׁת

ר

7 רַרוֹ רֵרָ רוֹרוֹ רַרָ

8 תָּר שָׁר תּוֹר תּוֹרָ תּוֹרָתוֹ

9 שֵׁרוֹת תֵּרוֹשׁ רֵשֵׁת שָׁתֵר רוֹשֵׁשׁ

ד

10 דַדוֹ דֵדָ דַד דוֹד

11 דוֹדָ דוֹר דוֹרוֹ דָתוֹ

12 תּוֹדָ רֵדֵת שֵׁדֵר תֵּרֵד דָרַשׁ

REMEDIATION

Look-Alike Letters

ד	ר

Two letters in each row are different.

Cross out the two letters that do not belong.

ר ר ד ר ר ר ר ר ד ר ר

ד ד ד ר ד ד ד ד ד ר ד

Draw a circle around each letter that has the saying sound of D:

ר ד ד ר ד ד ד ד ר ד ר

Draw a circle around each letter that has the saying sound of R:

ר ד ד ר ד ר ר ד ר ר ד

Circle REE דֶ רֻ רַ דוֹ רִי דָ דִי רָ

Circle DAH רָ דוּ דֶ רְ דֵ דַ רֻ רֹ

Circle REH רִ דֵ דֻ דוּ רֶ רָ רְ דֶ

Read:

דוֹד דוֹר תּוֹדָ תּוֹרָ דָרַשׁ

דוֹשׁ רוֹשׁ דֶרֶ דַר תֵּרֵד

LETTER REVIEW

Circle the letter named in the box.

ל	תּ	בּ	ד	BET	1
ד	ל	ב	מ	MEM	2
מ	ב	ם	ת	VET	3
מ	ר	ל	ד	LAMED	4
ם	ד	ב	שׁ	MEM	5
מ	תּ	בּ	ל	TAV	6
שׁ	מ	ר	ד	RESH	7
ד	ר	ת	ל	DALET	8
ל	שׁ	בּ	ד	SHIN	9
מ	ר	ב	ת	MEM	10

ל

1 לַלוֹ לֵלָ לֵל לוֹל שֶׁל

2 לָתֵת תֵּלֵד תָּלַשׁ שָׁלוֹשׁ

3 לוֹד דַלֵל שֵׁלֵד דֶלֶת שָׁלוֹל

בּ

4 בָּבֶּ בֹּר בּוּל בַּד בַּל

5 בָּרָד דַבֵּר תָּבוֹר שֶׁלֶד

6 בָּשֵׁל בְּשֶׁל בְּדַל שַׁבָּת

ב

7 דֹב רָב שַׁבָּת שָׁבַת שְׁבוּת

8 דָבָר דַבֵּר דֹבֵר וּדְבַר לוּלָב

9 דֶבֶר שָׁבוּר לוֹבֵשׁ שֶׁבֶת שְׁבָב

מ

10 מוֹר מוֹת מֵת מַת מַר

11 מְדַבֵּר מְדַבֶּרֶת מָרוֹר לוֹמֵד שְׁמוֹ

12 שֶׁמֶשׁ שְׁמוֹת וּשְׁמוֹ שְׁמוֹר שָׁמוּר

ם

13 תַּם רָם שָׁם דָם לוֹם

14 תֹּם שֵׁם בְּשֵׁם לְשֵׁם מֶם

15 שָׁלוֹם לְשָׁלוֹם בַּשָׁלוֹם מוּם שׁוּם

16 בְּשׁוּם שֶׁמֶשׁ שׁוֹמֵם לְדֹרֹתָם

REMEDIATION

Look-Alike Vowels

וּ	וֹ

Two vowels in each row are different.

Cross out the two vowels that do not belong.

וּ וּ וּ וֹ וּ וּ וּ וּ וֹ וּ וּ

וֹ וֹ וּ וֹ וֹ וֹ וֹ וּ וֹ וֹ וֹ

Draw a circle around each vowel that has the saying sound of O:

וֹ וֹ וּ וֹ וּ וּ וֹ וֹ וּ וּ וֹ

Draw a circle around each vowel that has the saying sound of OO:

וּ וּ וֹ וֹ וּ וֹ וּ וּ וּ וֹ וּ

Circle ROO דוּ רוֹ רוּ תוֹ שׁוּ דוֹ לוּ

Circle VO תוּ מוֹ בוּ לוֹ בוֹ רוּ שׁוֹ

Circle MOO בוּ לוּ דוֹ רוֹ תוֹ מוּ בוּ

VOCABULARY READINESS

Words to Read and Understand

learns	לוֹמֵד	peace	שָׁלוֹם
sun	שֶׁמֶשׁ	belonging to	שֶׁל
name	שֵׁם	door	דֶלֶת
three	שָׁלוֹשׁ	Shabbat	שַׁבָּת

LETTER REVIEW

Circle the letter named in the box.

ב	נ	שׁ	ג	NUN	1
ה	ד	ת	ב	HAY	2
נ	ת	מ	ה	MEM	3
ב	ג	נ	ד	GIMMEL	4
ר	ד	ג	ן	NUN	5
שׁ	בּ	ל	תּ	BET	6
תּ	ם	שׁ	בּ	SHIN	7
ל	ן	ם	ה	LAMED	8
ה	ר	ד	ג	DALET	9
ב	ד	נ	ר	RESH	10

נ

1 נֵר נֵרוֹת נָד נֶדֶר

2 בָּנוּ וּבָנוּ לָנוּ תַּנוּר

3 נָדַר נְדוֹר נֶבֶל נָמֵר נֵבוֹשׁ

ן

4 בֵּן לָן שֵׁן מַן נוּן

5 נוֹתֵן שֶׁנָּתַן לָשׁוֹן שֶׁמֶן רוֹדָן

6 לָלוּן לִבֶּן לְרַנֵּן לְשַׁנֵּן בּוֹנְבּוֹן

ג

7 גַג גַם גַן גַנָּן גוֹל

8 גֶשֶׁם גֶבֶר גְבֶרֶת גְמֹר גוֹמֵל

9 גָדוֹל גוֹרָל גוֹרָלֵנוּ גְמֹר

ה

10 הֵם הָהֵם הִנֵּה הַשַׁבָּת הַגָדוֹל

11 מַה הַר מַשֶׁהוּ הַגָדָה

12 תּוֹרָה שֶׁלָּה מֹשֶׁה הוֹגֵן תּוֹדָה

13 הָבוּ מוֹרָה מְדֻמֶּה הַשָּׁלוֹם

REMEDIATION

Look-Alike Letter

ג	נ

Two letters in each row are different.

Cross out the two letters that do not belong.

ג ג ג נ ג ג ג ג נ ג ג

נ נ ג נ נ נ נ נ נ נ ג

Draw a circle around each letter that has the saying sound of G:

ג ג ג ג נ נ ג נ נ ג ג

Draw a circle around each letter that has the saying sound of N:

נ נ ג נ ג נ נ ג ג נ ג

Circle GEH גַ גֹ נֶ נָ גֶ גִי גֱ נַ

Circle NEE נָ נוּ גַ נוֹ גֶ גַ נֶ נִי

Circle NO נוֹ נוּ גִי נֶה גָ נִ נֱ גַ

Circle GOO נוּ נוֹ גוֹ גוּ גֶ נָ נֱ גֹ

Read:

גִבּוֹר גַם גֶבֶר נֶגֶב נֶגֶד

VOCABULARY READINESS

Words to Read and Understand

Torah	תּוֹרָה	garden	גַּן
gives	נוֹתֵן	what	מַה
thanks	תּוֹדָה	here is	הִנֵּה
great	גָּדוֹל	candle	נֵר
also	גַּם	mountain	הַר
teacher	מוֹרָה	Haggadah	הַגָּדָה

Connect the words.

נֵר	thanks
נוֹתֵן	candle
תּוֹדָה	great
גָּדוֹל	gives

גַּן	Torah
תּוֹרָה	teacher
מַה	garden
מוֹרָה	what

LETTER REVIEW

Circle the letter named in the box.

ב	ח	ה	ת	CHET	1
ר	שׁ	י	ל	YUD	2
נ	מ	ד	א	ALEF	3
ע	ה	ת	ר	AYIN	4
מ	ג	נ	ד	NUN	5
ת	ה	ח	ל	HAY	6
תּ	ם	שׁ	ה	TAV	7
ד	ג	ת	נ	GIMMEL	8
ל	תּ	בּ	שׁ	BET	9
ד	נ	ר	מ	DALET	10

ח

חַם חָתוּל חַנוּן חַלָּה חַלּוֹת
חָלָב חוֹר חוֹלֶה חָבֵר חִבּוּר
לֶחֶם אָח מַחְבֶּרֶת אָחוֹת תַּחַת
לוּחַ כֹּחַ מֹחַ רוּחַ מָרוּחַ לָנוּחַ

י

יֵשׁ יַיִן יוֹם יָד יֶלֶד יַלְדָּה
בַּיִת יְהוּדִי יָדַיִם מִי הַבַּיְתָה
הָיָה יִהְיֶה הַלְלוּיָהּ דַּיֵּנוּ יְרוּשָׁלַיִם

א

אַתְּ אַתָּה אִם אֲנִי אַיִן אָח אֶחָד
אוֹמֵר יוֹשֶׁבֶת אוֹהֵב אוֹהֶבֶת מְאוֹד
אַבָּא אִמָּא חֶמְאָה הָאִם לֹא

ע

עַם עַל עוֹד עַמּוֹ עֶרֶב
עוּגָה מֵעַתָּה לָעַד הָעוֹלָם
שָׁעָה שְׁמַע יוֹדֵעַ מַדּוּעַ
שׁוֹמֵעַ הַשְּׁעָה עָמוֹן

REMEDIATION

Look-Alike Letters

ת	ח	ה

Two letters in each row are different.
Cross out the two letters that do not belong.

ת ת ת ח ת ת ת ת ח ת ת

ח ח ת ח ח ח ח ח ח ח ת

ה ה ה ה ח ה ה ה ח ה ה

ח ח ח ח ח ח ה ח ח ח ה

Draw a circle around each letter that has the saying sound of T:

ת ת ת ת ח ח ת ח ת ח ח

Draw a circle around each letter that has the saying sound of CH:

ח ח ת ת ח ת ח ח ח ת ת

Draw a circle around each letter that has the saying sound of H:

ה ה ה ה ח ח ח ה ח ה ה

חַ חוֹ תֵ חֶ תוּ חֻ חָ תֶ — Circle CHEH

תִ תֵ חַ תָ חוֹ חָ תוּ תְ — Circle TAH

תוֹ חָ חְ תוּ תֶ תַ חוּ תָ — Circle TOO

הֵ חוֹ חַ הוּ הָ הִי חַ הֶ — Circle HAH

These words contain the letters you have been drilling.

Practice them with a classmate or read them to your teacher.

1 הוּא הִיא חַג הָהֵם

2 מַהֵר אֶחָד אַחַת בָּחַר אוֹרְחִים

3 חֹדֶשׁ אֱלֹהֵי לֶחֶם אַהֲבַת הַלַּיְלָה

4 מְנוּחָה תְּהִלָּה תְּחִלָּה לְהַתְחִיל שֶׁהֶחֱיָנוּ

5 שַׁבָּת אָבוֹת תּוֹרַת תּוֹרָתוֹ

6 חָבֵר חֲבֵרִים אָחִים אֲנַחְנוּ

7 חַיִּים אַהֲבַת הַבַּיְתָה יוֹדַעַת

8 אַחַת תַּחַת עִבְרִית

VOCABULARY READINESS

Words to Read and Understand

I	אֲנִי	father	אַבָּא
house	בַּיִת	no	לֹא
boy	יֶלֶד	mother	אִמָּא
girl	יַלְדָּה	you	אַתָּה
Jerusalem	יְרוּשָׁלַיִם	brother	אָח
who	מִי	sister	אָחוֹת

Connect the words.

בַּיִת house אַבָּא	אֲנִי I אָח	אָחוֹת you אַתָּה
לֹא who מִי	אִמָּא boy יֶלֶד	

LETTER REVIEW

Circle the letter named in the box.

כּ	בּ	ע	ק	KOOF	1
תּ	שׂ	שׁ	כּ	SIN	2
ב	כ	ח	י	CHAF	3
א	ק	ר	ד	RESH	4
כּ	שׁ	בּ	ם	KAF	5
י	ק	ן	ך	NUN	6
ד	ך	ח	ן	CHAF	7
נ	ל	ת	שׁ	LAMED	8
א	ע	ה	מ	ALEF	9
ך	ח	כ	ה	CHET	10

שׂ

1 שִׂים שָׂם שָׂם שָׂרִיד תָּשִׂים

2 יִשְׂרָאֵל יִשָּׂא יוֹשֵׁב עוֹשֶׂה עָשָׂה

3 שׁוֹאֵל עֹשֶׂה תַּלְמִיד שְׂמִי שִׂישׂוֹ

ק

4 קוֹל קָדוֹשׁ קוֹמָה קְנֵה קוֹרֵא

5 קִדּוּשׁ קָרַע קַיָּם קֶרֶן חֻקִּים

6 בֹּקֶר לִקְרֹא לִקְנוֹת בְּבַקָּשָׁה מַדְלִיק

כּ

7 כִּי כָּבוֹד כְּבוֹד כְּבוֹדוֹ כַּדּוּר כֵּן

8 כֶּלֶב כְּמוֹ כִּתָּה הַכֹּל כְּיִשְׂרָאֵל

9 מַלְכָּה כַּבֵּד כִּבּוּד בַּכִּתָּה בַּכֶּרֶם

כ

10 יָכוֹל בָּכָה נָכוֹן אוֹכֵל אוֹכֶלֶת

11 בָּכֶם לָכֶם בְּרוּכִים הוֹלְכִים לִכְבוֹד

12 לִכְתּוֹב לָלֶכֶת כָּכָה כְּכֶתֶם תְּכֵלֶת

ך

13 אֵיךְ לָךְ שֶׁלָּךְ שְׁמֵךְ אֶרֶךְ מֶלֶךְ

14 בָּרֵךְ בָּרוּךְ לְבָרֵךְ מְבָרֵךְ מְבֹרָךְ

15 יִמְלוֹךְ הוֹלֵךְ לְבָבְךָ לְךָ כָּמוֹךָ שֶׁלְּךָ

Look-Alike Letters

S שׂ	SH שׁ

Two letters in each row are different.

Cross out the two letters that do not belong.

שׁ שׁ שׁ שׁ שׁ שׁ שׁ שׂ שׁ שׁ שׂ שׁ

שׂ שׂ שׁ שׂ שׂ שׁ שׂ שׂ שׂ שׂ שׂ שׂ

Draw a circle around each letter that has the saying sound of SH:

שׁ שׁ שׂ שׁ שׂ שׂ שׁ שׁ שׁ שׂ שׂ שׁ

Draw a circle around each letter that has the saying sound of S:

שׂ שׂ שׂ שׁ שׁ שׂ שׂ שׁ שׁ שׁ שׁ שׂ

שֶׁ שִׁ שָׁ שׁוֹ שׁוּ שִׁ שַׁ שֻׁ Circle SHAH

שָׁ שֶׁ שַׁ שִׁי שְׁ שִׁי שֻׁ שֵׁי Circle SEE

שִׁי שָׁ שׁוּ שַׁ שׁוּ שֻׁ שׁוֹ שֶׁ Circle SHOO

Read:

שָׁלוֹם שְׁמַע שֵׁם שֵׁשׁ שִׂים תָּשִׂים

שָׂשׂוֹן מֹשֶׁה שָׂמֵחַ שִׂמְחָה עֹשֶׂה

VOCABULARY READINESS

Words to Read and Understand

king	מֶלֶךְ	classroom	כִּתָּה
yes	כֵּן	everything	הַכֹּל
morning	בֹּקֶר	creates	בּוֹרֵא
walks	הוֹלֵךְ	room	חֶדֶר
sits, lives	יוֹשֵׁב	please	בְּבַקָּשָׁה
asks	שׁוֹאֵל	blessed	בָּרוּךְ

Connect the words.

בָּרוּךְ	yes
הוֹלֵךְ	walks
בֹּקֶר	blessed
כֵּן	morning

הַכֹּל	creates
מֶלֶךְ	classroom
בּוֹרֵא	everything
כִּתָּה	king

LETTER REVIEW

Circle the letter named in the box.

שׁ	ז	נ	ע	ZAYIN	1
ב	תּ	ט	מ	TET	2
ח	בּ	פּ	כּ	PAY	3
ג	ד	נ	ז	GIMMEL	4
ב	פ	כ	ה	FAY	5
ח	מ	א	ט	MEM	6
ף	ך	ן	ם	FAY	7
ז	פ	ד	ר	DALET	8
פּ	ל	שׁ	שׂ	SHIN	9
ר	ה	ח	ת	HAY	10

ז

1 זֶה זֹאת זְמַן זוֹכֵר זֵכֶר זִיזֵי
2 זָהָב זְבוּב זְבוּבֵי זִלְזֵל מְזַלְזֵל
3 אֵיזֶה מְזוֹנוֹת מְזוּזָה מָזוֹן זִכָּרוֹן

ט

4 טוֹב טוֹבִים טָהוֹר קָטָן קְטָנוֹת
5 נְטִילַת שֶׁלֶט מֶלֶט שָׁטָה וּבְטוּבוֹ
6 מָט מִטָּה מַטְבֵּעַ טָמַן טִמְטוּם

פּ

7 פֶּה פֹּה פֶּרַח פְּרִי פְּרָחִים
8 פֶּנַק כִּפָּה חוּפָּה אַפַּיִם מִתְפַּלֵּל
9 פְּנֵי פַּעַם לְהִתְפַּלֵּל עִפָּרוֹן מִשְׁפָּטִים

פ

10 יָפֶה נֶפֶשׁ תְּפִלָּתִי תְּפִילוֹת אֵיפֹה
11 אֶפְשָׁר אוֹפֶה לִפְנֵי הַגָּפֶן דֹּפֶק
12 נַפְשְׁךָ נִפְלָא כְּפִיר שׁוֹפֵט תְּפִלִּין

ף

13 אַף חוֹף שָׂרָף חָטַף קָטַף
14 קוֹף שָׁלַף אַשָּׁף חָרִיף הֶחֱרִיף
15 הַרְדוֹף מִחוֹף מָחוֹךְ מָכוֹן לְהִתְעַטֵּף

REMEDIATION

Look-Alike Letters

מ	ט

Two letters in each row are different.

Cross out the two letters that do not belong.

מ מ מ מ ט מ מ מ ט מ מ מ

ט ט ט מ ט ט ט ט ט מ ט ט

Draw a circle around each letter that has the saying sound of M:

מ מ מ מ ט ט מ ט מ מ מ ט

Draw a circle around each letter that has the saying sound of T:

ט ט מ ט מ מ ט מ מ ט ט מ

Circle MO מֶ מוּ טְ טַ מוֹ מֵ מָ טוֹ

Circle TEE טֵי מֶ טִי מָ טַ טוֹ מִי טְ

Circle MEH מִי מוּ מָ טֶ טַ מֶ טִי טוֹ

Read:

טוֹב שְׁבָט טַלִית נָטַע מַלְכֵּנוּ

אוֹמֵר הַמְבֹרָךְ הַפְטָרָה מְנוֹרָה

לְמַעַן יָמִים מִשְׁפָּט מַפְטִיר מַטְבִּילִין

VOCABULARY READINESS

Words to Read and Understand

skullcap	כִּפָּה	gets up	קָם
pencil	עִפָּרוֹן	children	יְלָדִים
comes	בָּא	small	קָטָן
answers	עוֹנֶה	there is	יֵשׁ
fruit	פְּרִי	here	פֹּה
where	אֵיפֹה	head	רֹאשׁ

Connect the words.

אֵיפֹה
skullcap
כִּפָּה

יֵשׁ
comes
בָּא

פְּרִי
fruit
פֹּה

קָם
small
קָטָן

עוֹנֶה
answers
רֹאשׁ

LETTER REVIEW

Circle the letter named in the box.

ח	א	צ	ע	TSADEE	1
נ	ז	ד	ו	VAV	2
ם	ס	מ	ק	SAMECH	3
ף	ץ	ך	ן	TSADEE	4
מ	ל	ט	צ	MEM	5
צ	ה	ע	ג	AYIN	6
י	ז	שׁ	ו	ZAYIN	7
ן	ס	כ	ב	VET	8
כּ	פּ	בּ	תּ	KAF	9
שׁ	ו	י	ר	YUD	10

צ

1 צוּר צֵא צִיוֹן צָבָא צְבָאָם

2 צֶדֶק צְדָקָה רוֹצֶה בֵּיצָה מַצָה

3 צָרִיךְ הַמוֹצִיא צִיצִית יְצִיאָה

ץ

4 עֵץ קֵץ רוּץ מִיץ אֶרֶץ

5 רָצוּץ עָצִיץ מֵלִיץ אַמִיץ יוֹעֵץ

6 חָמֵץ חוֹפֵף הוֹלֵךְ פָּרַץ שָׂרַף

ו

7 וָרוֹד וְאֵת וְאַל וָו וְשַׁבָּת

8 וַיִשְׁמֹר וְנָתַן וְהָאָרֶץ וַיְכֻלוּ וְאָהַבְתָּ

9 וְשָׁמְרוּ מִצְוָה מִצְוֹתֶיךָ בְּמִצְוֹתָיו

ס

10 סֶלָה סֵפֶר סִדוּר כִּיס סֻכָּה

11 כִּסֵא סַבָּא סַבְתָּא כֶּסֶף כְּנֶסֶת

12 חֶסֶד נִסִים סַם קֶסֶם חוֹסֵם

Look-Alike Letters

צ	ע

Two letters in each row are different.

Cross out the two letters that do not belong.

ע ע ע ע צ ע ע צ ע ע ע

צ צ ע צ צ צ צ צ צ ע צ

Draw a circle around each letter that has the saying sound of TS:

צ צ ע צ צ ע ע ע צ צ ע

Draw a circle around each letter that is silent:

ע ע צ ע ע ע ע צ ע צ צ

Circle AY　עַ צָ צוֹ עוּ עֵי צְ צֵי עֶ

Circle TSAH　צוֹ עָ עוּ צַ צֻ צֶ עֲ צֵי

Circle TSOO　צֶ צוֹ צוּ עַ צָ עוּ צֵי צַ

Read:

עַם עַל עֶרֶב עַיִן רוֹצֶה מִצְוָה

צְדָקָה בֵּיצָה עָלֵינוּ עוֹזֵר עוֹלָם

צֶדֶק צִיּוֹן יוֹצֵר הַמּוֹצִיא הוֹצִיאָנוּ

Look-Alike Letters

M ם	S ס

Two letters in each row are different.

Cross out the two letters that do not belong.

ס ס ס ס ם ס ס ס ם ס ס

ם ם ם ס ם ם ם ס ם ם ם

Draw a circle around each letter that has the saying sound of S:

ס ס ס ס ם ם ס ם ס ס ם

Draw a circle around each letter that has the saying sound of M:

ם ס ם ם ס ם ם ס ם ס ם

Circle EEM אָם וֹם אִים עַם עֶם אִיס

Circle SOO סוֹ אוּם סוּ סָ עַם סֶב

Circle SAY סִי סוֹ סֶ עֵם סֵי אִם

Read:

עַם גַם יוֹם הֵם סֻכּוֹת סְבִיבוֹן

מִסְפָּר חַיִּים נָעִים חֶסֶד סֵפֶר נִסִּים

VOCABULARY READINESS

Words to Read and Understand

land	אֶרֶץ	grandmother	סַבְתָּא
tree	עֵץ	he	הוּא
siddur	סִדּוּר	synagogue	בֵּית-הַכְּנֶסֶת
book	סֵפֶר	we	אֲנַחְנוּ
chair	כִּסֵּא	school	בֵּית-סֵפֶר
stands	עוֹמֵד		

Connect the words.

בֵּית-הַכְּנֶסֶת	we	סִדּוּר	land
סֵפֶר	book	אֶרֶץ	tree
אֲנַחְנוּ	stands	עֵץ	siddur
עוֹמֵד	synagogue	הוּא	he

ALEF-BET REVIEW

Say the name of each Hebrew letter.
Say the sound each letter makes.

א	בּ	ב	ג	ד	ה	ו	ז	
ח	ט	י	כּ	כ	ך	ל	מ	ם
נ	ן	ס	ע	פּ	פ	ף	צ	ץ
ק	ר	שׁ	שׂ	תּ	ת			

Practice the order of the Alef-Bet.

Fill in the missing letters.

_ בּב   ג _ ה   וז _   טי _

ל _ ם   נן _   _ פּפ   צץ _

_ שׁשׂ   ס _ פּ   ח _ י   שׁ _ תּ

_ מם   _ דה   י _ כ   ק _ שׁ   ו _ ח

1 רוּךְ רֵךְ רָךְ רְכוּ רָכָה רָכוֹת

2 בָּרוּךְ בָּרְכוּ בְּרָכָה בְּרָכוֹת

3 בָּרֵךְ בָרֵךְ מְבָרֵךְ הַמְבָרֵךְ

4 יְבָרֵךְ מְבֹרָךְ הַמְבֹרָךְ

5 קָדוֹ קְדוֹ קִדוּ קַד קִדְ קַדֵ

6 קָדוֹשׁ קַדֵּשׁ קִדּוּשׁ קְדוֹשִׁים

7 קִדַּשְׁנוּ קַדְּשֵׁנוּ קִדְּשָׁנוּ נַקְדִּישׁ

8 מְקַדֵּשׁ נְקַדֵּשׁ קְדוּשָּׁה קְדֻשָּׁתוֹ

9 אֶ לֵא לֹ אֶלֹ לֵאלֹ כֵּאלֹ

10 אֱלֹהַי אֱלֹהֵי אֱלֹהִים לֵאלֹהִים

11 אֱלֹהֵינוּ כֵּאלֹהֵינוּ כֵאלֹהֵינוּ לֵאלֹהֵינוּ

12 בָּרָה בּוֹרֵא בוֹרֵא וּבוֹרֵא

1 לֶךְ לֹךְ לָךְ תְךְ כוּת כוּתוֹ
2 מֶל מַל מְֹל מָלָ מְלָ מֶלֶךְ
3 מַלְכֵי מְלָכִים מְלֹךְ מָלָךְ מַלְכֵּנוּ
4 יִמְלֹךְ מַלְכוּת מַלְכוּתוֹ וּמַלְכוּתוֹ
5 דוֹל דֵל דוֹלוֹ דֱלוֹ דוֹלָ דוּלָ
6 גָדוֹל גַדֵל גְדוֹלָה גְדֻלָה
7 גַדְלוּ גְדוֹלוֹת גְדֻלוֹת
8 טוֹ טֹ טִי מִ טוּ תֶיךְ בֶךְ
9 טוֹב טֹבוּ טוּב וְטוּבוֹ
10 טוֹבוֹת טוֹבוֹתֶיךְ מֵטִיב מִטוּבֶךְ

1 צָו וְצ צִוִי וָ וָנוּ צְוֹת
2 צִוָה צִוָנוּ וְצִוָנוּ צִוִיתָנוּ
3 מִצְוָה מִצְוֹת מִצְוֹתָיו בְּמִצְוֹתָיו
4 מַ מַע מֵעַ מֹעַ שָׁמַע
5 שְׁמַע שׁוֹמֵעַ יִשְׁמַע שָׁמֹעַ
6 אוֹ אַ הֵב בָה הֲבָ הֲבַ
7 אוֹהֵב אַהֲבָה אַהֲבַת בְּאַהֲבָה
8 כָּל וְכָל בְּכָל לַכֹּל וְכֹל
9 שַׁבָּת שַׁבַּת שָׁבַת יִשְׁבֹּת
10 בּוֹחֵר הַבּוֹחֵר בָּחַר בָּחַרְתָּ